www.tredition.de

Christian Fabian

Bist du reif für das Leben?

Band 1

© 2015 Christian Fabian
Umschlag, Illustration: Christian Fabian

Verlag: tredition GmbH, Hamburg

ISBN
Paperback: 978-3-7323-5352-1
Hardcover: 978-3-7323-6363-6
e-Book: 978-3-7323-6364-3

Printed in Germany

Diesen Gedichtband widme ich

Waldemar Fabian –

meinem verstorbenen Bruder.

Sein Glaube an die Menschheit

ging ihm nie verloren

und stets sah er

das Gute im Menschen.

Für seine Haltung

danke ich ihm aufrichtig.

Inhalt

Vorwort

Die Jahreszeiten:

Kurz Biografie

Vorwort

Was ist Poesie? – Der emotionale Ausdruck eines Gefühls, gefolgt von einer detaillierten Beschreibung, die meist ausgeschmückt und koloriert dargestellt wird. Der ‚Schreiberling' kann sich in einen anderen Menschen hineinversetzen und dessen Rolle übernehmen. Er kann mit Worten sowohl Geschehnisse enthusiastisch umschreiben als auch seinen Frust oder Ärger mitteilen. Dennoch bleibt er außen vor, geht objektiv mit seinen Gefühlen um und verpackt sie sprachlich so, wie er sie wahrnimmt.

Der Poet oder die Poetin ist die Person, die uns in ihren Bann zieht und uns emotional anregt. Sie ist diejenige, die uns die Situation aus ihrer Sicht aufzwingt. Durch geschickte Wortmanipulationen kann sie uns ebenso gefühlsmäßig berühren. Ein Gedicht ist aus ihrer Sicht nur dann erfolgreich, wenn wir uns in den von ihr dargestellten Menschen hineindenken können. Häufig setzt sie Weltereignisse oder Nachrichten, die ihr nahegehen, in Worte um. Dennoch besteht die Gefahr, dass sie sich ‚infiziert' und ihre Gefühle aus ihr herausbrechen. Das alles beschreiben meine Gedichte auch.

Ich habe lange überlegt, ob ich sie veröffentlichen soll. Das, was mich berührt hat, aus neutraler Perspektive zu beschreiben, war meine Zielsetzung. Nicht an jeder Stelle ist mir dies gelungen, denn in meine Poesie flossen gleichzeitig meine geballte, an die Inhalte geknüpfte Emotion und Wut.

Ich selbst bezeichne mich als Egozentriker und bin doch mein schärfster Kritiker. Da ich oft von der Gegenwart in die Vergangenheit springe, können sich nicht alle Leser und Leserinnen von meiner Wortwahl angesprochen fühlen. Doch gerade sie zeichnet mich aus. Man könnte sagen, dass ich der Picasso der Neuzeit bin: Ich male nicht, aber beschreibe die Dinge auf meine ganz eigene Art, die so einzigartig ist wie jedes menschliche Wesen.

Ich möchte Sie als Leser oder Leserin nicht beeinflussen, sondern dazu anspornen, sich zu den jeweiligen Themen Gedanken zu machen und Bilder vorzustellen, die Sie beim Lesen der Gedichte individuell ausgestalten können. Sie als Leser oder Leserin emotional zu bewegen, ist wohl der Wunsch eines jeden Poeten. Sehen wir, ob mir das gelingen wird.
Ich wünsche Ihnen eine angenehme Lektüre.

Miltenberg, Oktober 2015   Christian Fabian

Des Lebens Tod

Es ist der Tod, der uns Angst macht,
die Hölle, die uns ins Gesicht lacht.
Das Leben hat uns das mitgebracht
und uns ausgelacht.

Trügerischer Glaube an Himmel und Hölle.
Von Menschen Hand beschriebene Stelle.
Erholung oder Arbeit ungewisser Quelle.
Zum Spotten verdammte Generäle.

Weiße Pracht, von Menschen durchdacht.
Schwarze Tracht der Arbeitsschlacht.
Das Traumland mit weißen Tauben.
Das Schattenreich mit Stacheln und Schrauben.

Die Engel, die sich sorgenvoll um einen kümmern,
die Schlangen, die uns von allen Seiten umringen,
das Paradies auf Erden, sollte man glauben,
stattdessen Kummer und Sorgen, die uns verfolgen.

Das Leben ist mit Kampf und Schlacht bedacht.
Der Mensch strebt ständig nach der Macht.
Der Glaube verfolgt uns bis in die Nacht
und morgens sind wir wieder aufgebracht.

Der Tag versucht, uns mit Charme zu umarmen.
Doch am Ende sind wir doch am Weinen.
Es ist nicht einfach, dem zu widerstehen,
was uns der Tag versucht, ständig anzudrehen.

Das eigne Kreuz zum Ende unserer Tage zu tragen,
ist uns auferlegt seit den ersten Lebenstagen.
Wir pilgern den Weg des Vertrauens,
um uns die Welt anzuschauen.

Vieles müssen wir noch erfinden
und unzählige Hindernisse überwinden.
Wir werden keine Ruhe finden,
ehe wir entschwinden.

Der Lebens-Deal

Betrachte das Leben wie einen Deal
in einem Labyrinth ohne Ziel,
verfolgt, rumgeschubst und gejagt,
von Anfang bis Ende angeklagt.

Auf einem steinigen Steg
betrachtest du deinen Rückweg,
bedrängt, besorgt, von Schmerzen geplagt,
verurteilt und gleichzeitig hast du versagt.

Das Leben ist kein Spiel.
Du trägst bei dir einen Dornenstiel.
So mag es noch so gut zu dir sein.
Das Leben ist ein trügerischer Sonnenschein.

Begegne der Nacht mit einer Tat.
Betrachte das Licht als Verrat.
Nutze die Dunkelheit zum Vereinen.
Das ‚Sonnenhell‘ bringt dich zum Weinen.

Wohin der Weg auch immer führen kann,
stets denke allezeit daran:
Verwirrt kann nur der Mensch von Glauben sein.
Wer irrt, kommt immer heim.

Der Puls der Zeit

Glaubt nie, was ihr seht.
Findet, was ihr vermisst.
Blickt nie in die Ferne.
Dort findet ihr nicht die Wärme.

Horcht in euch hinein.
Das Herz kann euch nicht böse sein.
Ihr glaubt, ihr seid am Zielende.
Doch das ist nur eine Lebenswende.

Noch viele Kurven wird das Leben haben.
Ihr werdet stehen noch vor manchen Aufgaben.
Und vieles werdet ihr noch vor euch haben.
Doch kennt ihr alle Lebensfragen?

Der Lebensweg

Der Schatten wird durch eure Wege führen.
Das Licht wird euer Glück verwirren.
Ihr werdet vor manchen geschlossenen Türen stehen
und so manche Berge werdet ihr begehen.

Denkt nach, was euch das Beste bringt
und wo ihr eure Zeit verbringt.
Schaut nicht nur geradeaus,
sondern denkt auch weiter voraus.

Verworren mag mancher Weg erscheinen.
Berge und Schluchten müsst ihr vereinen.
So manche Tränen wird euer Auge weinen.
Am Ende wird die Sonne scheinen.

Die Lebenszeit

Ist der Mensch zu Besserem erkoren,
da ist er schon bei der Geburt verloren.
Stets strebt er in die Höhe.
Am Berggipfel kriegt er eine Böe.

Verloren irrt er durch die dunklen Gassen.
Ständig müsst ihr auf ihn aufpassen.
Gedankenlos, von allen Geistern verlassen.
Versucht er, seinen Weg anzupassen.

Gelingt es ihm, einen Ausweg zu finden,
versucht er, Meere und Seen zu überwinden.
Und als wenn das noch zu wenig wär,
bringt er sich um mit seiner Gegenwehr.

Er denkt, ihm kann man nicht mehr helfen.
Fängt er an, endlich nachzudenken?
Da ist die Uhr schon abgelaufen,
um das Leben noch zu begreifen.

Die Lebensfalle

Vergnügt schaut ihr auf den Tage
und jeden Tag stellt ihr euch die gleiche Frage:
Wie konnte bloß mir das passieren?
Warum konnte ich nicht protestieren?

Gedanken schweifen hin und her –
hab ich die „Richtige" neben mir?
Tage vergehen, Stunden laufen,
die Arbeit drängt, du bist am Schnaufen.

Bemühst dich, dauernd Neues zu gestalten.
Du kannst die Zeit nicht anhalten.
Nun lässt du alles schleifen
und erlaubst anderen, anzugreifen.

Nun möchtest du „das" überdenken,
schwups, musst du dich einschränken.
So geht das von Tag zu Tag weiter.
Vorerst bist du Zweiter.

Jetzt bist du nicht mehr angesagt.
Du bist am Ende angelangt.
Besorgt schaust du nun zu
und willst nur deine Ruh.

Unverhofft kommt ein Begehren,
um dich zum Besseren zu bekehren.
Wochen vergehen, die Zeit läuft weiter
und du bist immer noch Zweiter.

Gesenkten Kopfes kommst du nicht zur Ruh,
nichts fällt dir ein, du sagt nichts mehr dazu.
Im Inneren freust du dich schon heiter
auf dein späteres Lebensalter.

Jetzt ist es schon fast so weit
und du vergisst die Kleinigkeit.
Schon ist das Haus voller Heiterkeit –
das Komische dabei:
Dich stört es nicht, Zweiter zu sein.

Nun hast du deine Ruhe!
Vergessen ist deine Mühe.
Jetzt freust du dich und bist nun heiter.
So schön kann sein dein Lebensalter.

Geliebtes Land

Ich war dir treu bis heute.
Doch ich kann nicht folgen deiner Meute.
Verzeihe mir, was meine Augen sehen.
Doch mein Herz will einen anderen Weg gehen.

Ich will nicht vor euch fliehen.
Doch ich muss jetzt fortgehen,
um euch nicht zuzusehen.
Ich lass mich von euch nicht hineinziehen.

Sehe mit Sorge, wie „du" dich veränderst.
Viel schneller laufen die Tage meines Kalenders.
Es ist nicht leicht, fortzugehen.
Ich kann das nicht mehr sehen.

Es wird nicht leicht sein, Neues zu erlernen.
Doch es ist besser, sich von dir zu entfernen.
Vergebens suche ich woanders Freude.
Verzeih – heulend mache ich Beute.

Einsam und leer stehe ich hier,
folge dem Weg der „Neugier",
kann nicht zurück und auch nicht voran.
Vor diesem Tor stehe ich allein.

Ich höre Stimmen und Musik –
von dir hörte ich nur Kritik.
Ich fühle in mir eine Leere.
Das Tor wird zu einer Barriere.

Leidenschaftliche, besessene Stimmen,
die Farbenpracht und die Blumen,
durch Leid bin ich hineingezogen.
Ich fühle mich belogen.

Das Tor der Welt habe ich durchdrungen.
Ich brauchte keine Überzeugungen.
Doch ich kann mich nicht freuen.
Mein Glück kann ich nicht streuen.

Es wurde mir Leid angetan.
Ich hatte einen anderen Plan.
Schmerzen des Daseins existieren.
Mein Kopf ist am Protestieren.

Mein Herz pocht, will nicht hier sein.
Mein Herz will schreien, sich befreien.
Was mache ich hier, lieber Gott?
Nichts wie Ärger und Spott …

Die Leidenschaft der Welt ist verblasst.
Ich war blind und voller Hass.
Verzeiht mir, dass ich gezweifelt habe.
Habt Verständnis, ich flehe um Gnade.

Die Zeit

Lügen, Verrat und Neid
beherrschen unsere Zeit.
Des Menschen Schmerz und Leid
verhindert die Freiheit.

Aussicht auf Neues ist verhasst.
Irrwege der Hoffnung sind verpasst.
Verborgene Träume als Zukunft der Vision –
Wunschbilder der Zeit kontrollieren die Situation.

Weisheit ist nicht gefragt.
Machenschaften und Betrug sind angesagt.
Dunkle Wolken ziehen über uns her.
Die Herrschaft – wehrlos – dem anderen überlassen wir.

Schmerzen des Daseins existieren.
Innerlich sind wir am Protestieren.
Kauernd, nach Atem ringend erheben wir uns.
Anerkennung suchend betrachten wir die Gunst.

Wir sind nicht schlechter als die anderen!
Wir machen uns zu Gefangenen!
Wie lange müssen unsere Augen noch weinen,
um unsere Welten zu vereinen?

Die Menschen

Beherrschend und töricht,
widersinnig und leicht durchschaubar –
Menschen sind damit vereinbar.
Die Generation der Hemmungslosigkeit –
Ignoranz und Intoleranz
bestimmen das Zeitalter.
Wo sind die Wegbegleiter?

Die sich selbst überlassene Generation
ist die Schande der Evolution.
Fehlende menschliche Kommunikation
als Ursache der Reservation.

Menschen wünschen sich die Macht.
Die anderen kämpfen bis in die Nacht.
Das Kinderlachen ist begraben.
Weinende Mütter, die das ertragen.
Zerstörte Hoffnung tritt zutage
und wir sind nicht in der Lage,
uns zu erheben, zur Anklage.

Hoffnung

Menschen führen eine Schlacht.
Kinder schreien um die Macht.
Der Mütter Herzen sind besorgt,
weil die Welt nicht überzeugt.

Diktatoren müssen weichen.
Deren Herzen muss man erreichen.
Hass und Gewalt sind zu verhindern.
Menschen müssen sich verändern.

Die Kraft der Liebe muss man streuen,
Friedensverhandlungen erneuern.
Menschen müssen wieder an sich glauben.
Kreativität müssen wir erlauben.

Das Sonnenlicht

Ist es nicht das Licht,
das die Dunkelheit erhellt?
Ist es nicht die Sonne,
die den Schatten hinter uns stellt?
Ist es nicht die Sorge,
wegen der man in Traurigkeit verfällt?
Der Mensch ist es (!),
der in der Dunkelheit das Licht sucht,
der dem Schatten hinterherläuft
und an der Sonne seine Augen erfreut.

Schweigen ist Gold, Reden ist Silber

Ist das Schweigen Gold wert,
dass man sich so dagegen sperrt?
Bedauerndes Wesen, das sich um nichts schert.
Seinen einzigen Reichtum hat er geleert.
Sich selbst hat er zerstört.

War das Gold das wert?
Er hat sich engagiert,
neu orientiert und gewehrt.
Jetzt sagt er: „Er hat's kapiert."
Sein Leben zerstört!

Er war begehrt und unkompliziert,
ist wieder zurückgekehrt,
bedauernd, hat sich kompromittiert.
Gold hat er nicht vermehrt.
Reden hat er akzeptiert.

Abhängig

Geistreich ist der Mensch in seiner Rede.
Erzählend führt er uns auf andere Wege.
Artikulierend umfasst er uns mit seiner Wortkraft.
Bekümmert unterliegen wir seiner Leidenschaft.
Seine Botschaft dringt in unseren Kopf.
Grauenhaft beeinflussend –, was er sich erhofft.

Abschied

Er will alleine sein
und nicht fragen, was er kann.
Alleine entscheiden
und Fehler vermeiden.

Er will sich finden
und niemals binden,
Vertrauen spüren,
neue Wege gehen.

Es fällt ihm schwer,
doch er will nicht mehr.
Bitte verzeiht ihm.
Wartet nicht auf seine Rückkehr.

Soldatenbrief

Mutter, weine nicht mehr.
Ich habe jetzt ein Gewehr.

Ich weiß, es ist für dich schwer.
Für mich gibt es keine Rückkehr.
Ich bin Soldat!
Mein Gewehr ist mein Kamerad.
Meine Heimat ist der Bund –
und ich bin gesund.

Mutter, weine nicht mehr.
Ich bin jetzt beim Militär.
Mach es mir nicht so schwer.
Ich habe jetzt ein Gewehr
und bin stark wie ein Bär.
Doch der Feind kommt näher.

Mutter, weine nicht mehr.
Ich kämpfe an der vordersten Front.
Die Sonne geht unter am Horizont.
Mutter, weine nicht mehr.
Die Kugel traf mich – ich liege hier
und neben mir liegt mein Gewehr.

Mutter, weine nicht mehr.
Mein Kamerad liegt neben mir.
Ich mache meine Augen zu.
Der Tod tut so weh
und ich lernte nichts dazu.
Ich frage mich wozu?

Mutter, ich war ein Soldat.
Das Gewehr war mein Kamerad.
Ich war gesund und stark wie ein Bär,
ging zum Bund und verlor mein Leben hier.
Mutter, weine nicht mehr.
Es gibt keine Wiederkehr.

Mutter, sei stolz auf mich.
Ich war hier glücklich.

Machthaber

Das Recht, etwas zu verbitten,
ist rechtens sehr umstritten.
Manch einer kann es nicht erkennen,
dass er auf dem Scheiterhaufen wird brennen.

Um sein Herrschen zu begreifen,
muss er sich mit Mächten streiten.
Will er sein Recht ergründen,
muss er sich stets erkunden.

Was ihm misslungen ist, in seinen Stunden,
mussten die Menschen bezahlen mit ihren Wunden.
Er fällte Urteile, ohne dies einzuschätzen.
So manches konnte er nicht durchsetzen.

So war er ständig dominant
und seine Sachen waren nicht geplant.
Zum Schluss wollte er die Welt beherrschen.
Hierzu fehlten ihm Recherchen.

So wurde er vor Gier verlassen.
Sein Volk wollte es nicht zulassen.
Man hat sich dann mit ihm befasst
und steckte ihn in einen Knast.

So kann er jetzt mal nachdenken
und sich in seinen Taten einschränken.
Jetzt sitzt er da, ganz allein,
und ist ein armes Schwein.

42

Der gemeinsame Weg

Am Anfang ist es immer schwer.
Stolpersteine liegen umher.
Manchmal denkt man,
man schafft es nicht mehr.
Da kommt diese Idee hier:

Ein guter Rat ist nicht zu teuer.
Die Ehe ist kein Abenteuer.
Bewältigt ihr das Ehefeuer,
wie ihr euch geschworen habt die Treue,
dann steht euch bevor ein Leben lang
Glück im Überschwang.

Frieden bewahren

Die Tränen der Welt sind mit nichts zu vergleichen.
Menschen müssen sich die Hände reichen.
Wir sollten alle unsere Fehler beichten.
Dem Durstigen sollten wir das Wasser reichen,
dem Hungernden das Brot bestreichen.

Unrecht sollte man begleichen.
Wir müssen Brücken bauen, die über Meere reichen.
Alle Länder müssen sich vergleichen.
Frieden muss die ganze Welt erreichen.
Das Böse muss von uns weichen.

Frieden sollte im Vordergrund stehen.
Wir müssen aufeinander zugehen.
Zweifel sollten wir zerstreuen
und uns an kleinen Dingen erfreuen,
bevor wir es bereuen.

Die Natur sollten wir nicht außer Acht lassen.
Sonst könnte unser Grün verblassen.
Wir müssen stets wachsam sein.
Einsamkeit verführt im Allgemeinen
zu Sachen, die nicht müssen sein.

„Jeden Tag eine gute Tat vollbringen",
so steht's geschrieben.
Es ist so einfach, Gutes zu tun,
und man genießt dann auch Ruhm.
Lasst uns alle Freunde sein.
Dann sind wir nie allein.

Jahrestag

Dein erstes Jahr war sichtlich schwer,
Die ersten Schritte hin und her,
Das erste Wort hast du gesagt
und alle haben schon gelacht.

Du hast die Freude uns gebracht.
Das Leben ist in uns entfacht.
So ist es jeden Tag aufs Neue
mit dir ein kleines Abenteuer.

Jetzt bist du schon ein Jahr hier
und kennst schon dein Revier.
Getrieben von lauter Neugier
hast du manchen Schmerz erlitten.

Jetzt weißt du ungefähr,
was du kannst
und was du darfst nicht mehr.
Doch immer wieder kommt es hier,
dass du vergisst deine Manier'.

Wir freuen uns auf jeden Tag mit dir
und haben dich immer im Visier.
Auch wenn die Mama sagt: „Du Stinker",
du bleibst unser kleiner Krabbelflinker.

Du bist ein richtiger Strahlemann,
mit dem man viel Spaß haben kann.
Wir wünschen dir zum ersten Wiegenfeste
von Herzen das Allerbeste.

Recht für Unrecht

Es ist nicht einfach, in unserer Zeit
um die Wahrheit sich zu streiten.
Die Klarheit ist hier
nicht einfach zu begreifen.

Die Zeit steht hier im Vordergrund,
nicht der Wert der Gedanken.
Die Möglichkeit, auszuweichen,
befreit die Fähigkeit zu Unwahrheiten.

Die Vergangenheit des Wertes
unzählige Male in Frage zu stellen,
ist im Zuge der Zeit
unsere ungewisse Sicherheit.

Es ist die Lüge der Urzeit,
die dem Menschen anhaftet,
die Sinne verwirrt
und die Klarheit beim Denken schmälert.

Menschlich ist es zu beachten,
nicht den anderen zu betrachten,
in Unwahrheit sich zu verstricken,
ohne die Risiken zu überblicken.

Ein hohes Maß an Arroganz
sichert die Akzeptanz.
Unsicherheit führt zu Urteilsstärkung.
Der Preis ist eine Strafmaßbegrenzung.

So bleibt nur das Gewissen,
mit dem wir leben müssen.
Wir schauen uns im Spiegel an
und denken: „Ist das gemein?"

Gesetz der Liebe

Den stärksten Gemütszustand des Lebens
suchen wir vergebens.
Es erregt die Sinne und verändert die Seele.
Es kommt unerwartet und macht gefügig.

Ergreift das Herz und lässt nicht los
Man wehrt sich nicht und ist ratlos.
Ein Gefühl der Hoffnung,
vermischt mit Aussichtslosigkeit.

Gnadenlos zuschlagend
und besitzergreifend.
Anschließend beruhigend,
auf Dauer folgend und betäubend.

Die Gefühle sind eindeutig
beugend und geläufig.
Sich zu widersetzen
widerspricht dem Herzen.

Mehrere versuchten, sich zu sträuben.
Doch die Reize verführen sie zum Beäugen.
Liebe ist ein Lebens-Deal.
Führend drängt sie uns zum Ziel.

Wissenschaft

Ist etwas rund,
ist es auch unendlich.
Wissenschaftlich betrachtet
ist es verständlich.

Selten kommen Ecken vor.
Wissenschaft lässt das nicht zu.
Wäre unverständlich und auch wozu?
Jedes Hirn hat sein Tabu!

Verbinde das Eckige mit dem Runden.
Das muss die Wissenschaft erkunden.
Unzählige Befunde lagen zu Grunde –
das Eckige passt nicht zum Runden.

Wissenschaft hat darauf hingewiesen,
um das zu beurteilen, braucht man Devisen.
So manche machen sich jetzt lustig,
ob die Wissenschaft ist kostengünstig.

Das zu beurteilen keiner von uns vermag,
Wissenschaft ist nicht so stark,
sondern in ihrem Vorgehen karg.
Wir hoffen, es wird alles gut.

Das Problem ist nicht akut.
Man bekommt das unter einen Hut.
Man braucht nur etwas Mut
in diesem großem Institut.

Die Frau

Ein Geschöpf Gottes, das den Männern den Kopf verdreht,
selbst daran nicht denkend, was bevorsteht,
beansprucht Aufmerksamkeit und Zuneigung.
Äußerst selten trifft sie die Entscheidung.

Ein Individuum mit besonderen Fähigkeiten,
überaus präzise in ihren Tätigkeiten,
macht einen vielversprechenden Eindruck.
Theatralisch zeigt sie ihre Neigung.

Schmuck ist ihr Lieblingsstück.
Das braucht sie zu ihrem Glück.
Stets sucht sie nach etwas Neuem,
kann sich an nichts erfreuen.

Im Leben macht sie vor nichts halt –
sie und das Feuer in einer Gestalt.
Ein körperlicher Akt der Gewalt
lässt sie völlig kalt.

Hier spielt sie aus ihre Kraft
in leidenschaftlichem Abenteuer
oder als eiskaltes Ungeheuer.
So sind die Frauen in ihrer Vielfalt.

Man sollte sie durchaus ernst betrachten.
Es geht hier nicht um Kleinigkeiten.
Emanzipation spielt hier eine Nebenrolle.
Sie wollen die Kontrolle.

Der Trick ist biblisch alt:
Eva war nicht in Adam verknallt.
Der Apfel fiel nicht allein von Baum.
Sie braucht uns – für ihren Traum.

56

Hochmut kommt vor dem Fall

Der Mensch war noch nie bescheiden,
möchte, dass die anderen ihn beneiden.
Seine Vorgehensweise ist Übertreiben,
so dass die anderen ihn lieber meiden.

Hat er seinen Übermut überstanden,
prompt müssen die anderen darunter leiden.
An seinen Sachen kann er sich nicht erfreuen,
ständig muss er seinen Ruhm erneuern.

Durchdacht war das Ganze nicht, zuletzt
hat es auch keinem was genutzt.
So kommt es, wie es sein muss:
Man versagt ihm den Genuss.

Es ist ja jammerschade,
dass er jetzt winselt um Gnade.
Das Ende der Geschichte ist sehr bekannt:
Da hat sich jemand verrannt.

Geld und Macht

Einflussnahme fällt ins Gewicht
in Anbetracht der Aussicht.
Verführerisch sind die Gedanken.
Wem sollen wir das verdenken?

Geltungsdrang beschleunigt das Verlangen,
Reichtum zu erlangen.
Man ist in einem Netz gefangen.
Schwierig (!), jetzt die Freiheit zu erlangen.

Sitzend in einem Wespennest
feiern alle bis zum Exzess.
Man hat sich an Menschen vergangen
und keinen wird man dafür belangen.

Der Wert des Geldes wurde überschätzt,
die Macht überflüssig und ersetzt.
Gespannt warten alle auf ein neues Gesetz,
das die Macht und das Geld begrenzt.

Gewalt ist keine Lösung

Es gibt keine Antworten auf Aggression.
Argumentation befähigt die Aktion.
Die Situation entsteht durch Prävention.
Kompromisslosigkeit verwirrt die Gedanken.
Lösungen weisen in die Schranken.
Die Autorität ist am Schwanken.
Das Temperament geht durch.
Die Augen sind voller Furcht.
Unsicherheit löst Emotionen aus.
Außer Kontrolle gerät die Situation.
Hilflosigkeit durch verbale Stärke ersetzt,
des anderen Seele verletzt.
Keine Lösung gesucht, Kraft eingesetzt,
Konsequenz als Missbrauch der Intelligenz,
gescheitert an eigener Vehemenz.
Täter unterschätzt –
Verfehlung im Gesetz.

Böses verdrängen

Wenn ein Herz ständig in Dunkelheit lebt,
kann es sich nur mit Mühe an das Licht gewöhnen.
Es ist nicht ratsam, dieses Herz zu verhöhnen.
Es wird schwieriger, es zu versöhnen.

Sein Herz ist aus Stein, überzogen mit Ketten.
Man kann es nur mit Dynamit retten.
Ein Leben neben der Realität
ist ein Leben ohne Identität.

Der Mensch lebt nicht, er existiert.
Vorrang gibt er der Integrität.
Aufzeigen eines neuen Lebens –
seines war vergebens.

Ein schwieriges Unterfangen,
verbunden mit vielen Gefahren.
Aufopfern, ohne zu wissen, ob es gelingt
und ob er es bezwingt.

Seine Fehler muss man ihm verzeihen
und ihn von der Last befreien.
So kann er voranschreiten,
ohne es nachzuarbeiten.

Sein Herz muss ihn führen.
Er muss die Geborgenheit spüren.
Sein Erfolg soll ihn motivieren.
Er soll sich wieder amüsieren.

Das Licht soll den Schatten verdrängen.
Er soll seinen Weg nicht verlieren.
Umwege soll er einkalkulieren.
Sein neues Ich muss er akzeptieren.

Die Jahreszeiten

Frühling

Morgenkühle streichelt uns die Wangen.
Hingegen zärtliche Sonnenstrahlen
überbringen des Frühlings Vorahnung.
Knospen treiben hinaus.
Vögel singen den Frühling voraus.

Die Bäume erlangen ihre Pracht,
die Vögel sind dadurch aufgewacht.
Durch ihr glückliches Gesinge
kommt es auf den Bäumen zum Gedränge.
So mancher schlägt dann über die Stränge.

So ist es nicht weit entfernt,
dass die Menschenschar bemerkt:
„Der Frühling ist zurückgekehrt."
Dank der Sonnenwärme können wir uns amüsieren.
So ist es einfach, den anderen zu bekehren.

Die Farbenpracht nimmt an Gestalt.
Die Natur hat alles in ihrer Gewalt.
Das Tageslicht verkürzt die Nacht.
Erfreut eure Herzen, ergötzt eure Augen
an Frühlingsblüten und ihren Farben.

Sommer

Die Natur hat ihr Sommerkleid angezogen.
Viele Vögel sind wieder zu uns geflogen.
Die Bäume haben ihre Pracht vollbracht
und laden die Vögel ein unter ihr Dach.

Blumenwiesen locken Tiere an.
Manche sind noch so winzig klein.
Zum ersten Mal sehen sie den Sonnenschein
und tappen tapfer über Stock und Stein.

Vorbei sind die Regentage.
Jetzt kommen die warmen Sonnentage.
Die Hitze macht sich über den Feldern breit.
Bald ist die Ernte bereit.

Auch im Walde ist was los:
Die Herden werden satt und groß.
Die Pilze sind so prächtig
und auch die Hirschkuh ist wieder trächtig.

Der Jäger freut sich über sein Reservat
und zählt jedes neue Tier akkurat.
Der Mensch bewundert die Natur dabei
und denkt jedes Mal an Zauberei.

Der Sommer ist die schönste Jahreszeit.
Die Erde hält für uns alles bereit.
Wir freuen uns über die Bodengüter
und erstrahlen selbst als zartfühlende Gemüter.

Die Sonne bringt die Freude zurück
und überall erstrahlt das Glück.
Der Sommerzauber macht uns verrückt,
was Menschen und Tiere entzückt.

Herbst

Diese Jahreszeit hat ihre Tücken:
Mal scheint die Sonne, mal ist es kalt
und auch die Regentage sind im Herbst bekannt –
der Herbst ist bunt in seiner Vielfalt.

Den ganzen Tag malt er an der Farbenpracht,
hat uns schon ganz durcheinandergebracht.
So war es bestimmt nicht ausgemacht,
dass er sich derart breitmacht.

Ganz wirr sind auch die Tiere,
weil er sich so profiliere.
Raffiniert denkt er sich alles aus.
Von uns bekommt er Applaus.

Doch nach der Hälfte seines Werkes
verwickelt er sich in eine Streiterei
und da vergeht ihm die Lust an der Malerei.
Zu Ende geht die Zauberei.

Die Pflanzen wollen ihre Ruhe.
Die Tiere haben genug von der Unruhe.
Der Mensch zieht an wieder warme Schuhe.
Stille zieht überall ein.

Verflogen ist der ganze Charme.
Die Bäume werden blätterarm.
Die Vögel zieht es ins Warme.
Die Hemden haben jetzt lange Arme.

So langsam neigt sich alles her.
Die Tiere richten ihr Quartier.
Der Mensch wird jetzt gelassen.
Öfters kommt jetzt Warmes in die Tassen.

In den Stuben brennt das Feuer.
Der Mensch denkt jetzt an Treue.
Bei Gemütlichkeit und Wärme,
da hebt man schon einen gerne.

Kälter werden die Nächte, kürzer die Tage.
Vollendet ist die Stimmungslage.
Langsam geht die Freude unter –
es riecht nach einem kalten Winter.

Winter

Die weiße Pracht brach ein über Nacht.
Die Kälte ließ sich nieder.
Der Frost überzog das ganze Land.
Der Winter kam wieder.

Sanft legte sich der Schnee über das Land
und begrub die Farben in der Nacht.
Die Kinder – voll Freude – wachten auf.
Der Tag nahm seinen Lauf.

Die letzten Tiere sind jetzt in Eile.
Manchen droht jetzt die Langeweile.
Der Kinder Freude zieht uns in ihren Bann.
Die Fröhlichkeit geht durch das Land.

Die Bäume tragen jetzt die weiße Last,
die so gar nicht ins Geschehen passt.
Doch ein paar wenige von ihnen
müssen sich bald Schmuck anziehen.

Doch was ist mit den Tieren,
die im Walde müssen frieren?
Auch hier sorgt der Mensch dafür
und öffnet so mancher Ställe Tür.

O du schöne Winterzeit,
bringst dem Menschen Heiterkeit,
stehst für Geborgenheit und Harmonie,
erfreust die Häuser mit deiner Melodie.

Besser sein

Der Mensch lebt nicht mehr von Brot allein.
Er möchte auch einen Wein.
Will er was Besseres sein?
Muss er ständig nach Besserem streben?
Kann er nicht in Ruhe leben?

Er will seinen Reichtum zeigen,
will sich nicht beugen und schweigen.
Er möchte uns allen imponieren,
ständig andere Sachen präsentieren.
Er will uns provozieren.

Alles muss größer sein und provokant.
Das ganze Leben ist bei ihm verplant.
Im ständigen Drang nach mehr
lebt er nur im Stress.
Was ist denn dann mit dem Rest?

Warum muss man nach Besserem streben?
Kann man nicht einfach leben,
sich mit kleinen Dingen zufriedengeben?
Muss man ständig mit allem protzen?
Ich finde das zum Kotzen.

Die schlechte Nachricht

Manchmal ist sie so plötzlich da,
unerwartet aus dem Nichts kommend.
Ihre Wirkung ist so niederschmetternd.
Lautlos tritt sie ins Geschehen ein.

Sie verändert alles!
Das Lebensglück ist nun ohne Sinn.
Man weiß nicht mit sich wohin.
Man denkt nach und weiß nicht warum.

Doch jetzt ist sie da und alles wird stumm.
Plötzlich rückt Wichtiges in die Ferne.
Des Öfteren schaut man jetzt in die Sterne.
Man sehnt sich nach Wärme.

Die Dunkelheit bringt Kälte mit.
Man schläft öfters ein bei Licht.
Man will den Tag nutzen
und die Nacht verkürzen.

Den Schmerz noch nicht überwunden
und schon jetzt fehlen uns die Stunden.
Die Vergangenheit ins Gedächtnis rufen,
Erinnerungen überprüfen.

Jetzt wird uns bewusst,
wie sehr schmerzt der letzte Kuss,
wie sehr wird uns das alles fehlen,
bis wir ins Schattenreich übergehen.

Vermissen

Ich höre immer noch die Musik
und sehne mich nach dem Augenblick.
Ich wusste nicht, ob es dir so ähnlich geht.
Doch du hattest den Überblick.

Du sagtest, es ist für eine Weile
und bringt dir Vorteile.
Ich glaubte immer an das Glück,
doch du sagtest, ich wäre verrückt.

Nach einer Weile merkte ich schon,
du bist nicht die richtige Option.
Du gabst es mir zu verstehen
und ich habe so manches übersehen.

Du hattest recht behalten,
gingst fort, ohne dass ich dich davon konnte abhalten.
Ich hörte immer noch die Klänge der Musik,
die mein Herz zum Beben brachte.

Es war eine lange Zeit für mich.
Mein Herz hatte bekommen einen Stich.
Ich dachte lange Zeit an dich.
Vergessen konnte ich dich nicht.

Doch immer wieder kehrte zurück die Musik,
die mein Herz in Wallung brachte.
Es gab keine Stunde, die ich nicht deiner gedachte.
Da beschloss ich, dich wiederzusehen.

Es ist eine Zeit vergangen
und ich fragte mich, wie es dir ist ergangen.
Ich hatte nach dir Verlangen,
wollte sehen, wie es dir ist ergangen.

Du spieltest deinen Kummer runter,
aber ich wusste, da steckt was dahinter.
Ich öffnete mein Herz dir
und sah deine Sehnsucht nach mir.

Manchmal muss man andere Wege gehen,
um einander einzugestehen,
dass es ohne den anderen nicht weitergeht.
Ein falscher Stolz kann alles zerstören.

Besser ist es, den anderen zu akzeptieren,
sich mit ihm zu arrangieren,
bis das Herz zu einem spricht
und man den anderen vermisst.

Das Kampfkreuz des Verderbens

Als die Welt im Kampffeuer lag,
gingen Sie hin mit hohem Herzschlag,
ruhigen Schrittes durch den stillen Wald.
Niemand von ihnen wusste wo entlang.

Orientierung gab der Granatenschall:
Kugeln – von Bäumen abprallend – flogen umher.
Sie krochen am Boden, es war schwer.
Doch sie kämpften weiter.

Die abendliche Dunkelheit gab den Vorstoß her.
Ohne Ziel irrten sie über holprige Wege.
Immer wieder gab es Rückschläge.
Doch voller Hoffnung gaben sie nie auf.

Sie gingen kämpfen für die Heimat,
für die Freiheit im neuem Land.
Auf ihren Wegen fanden sie das Grauen.
Sie waren jung und unerfahren.

Sie fielen und wurden begraben.
Ihre Schatten im Nebel klagen.
Ihre Familien finden sie nicht.
Nur das Mondlicht verehrt sie.

Aus dem Unterholz ragen sie bis hierher,
vergessene Kreuze der Gegenwehr.
Schmerz und Leid umgibt die Stille –
ein schmerzhafter letzter Wille.

Die Politik des Verderbens

Einst feierten sie die Menschen,
als hätten sie etwas Großartiges vollbracht.
Sie haben Millionen Menschen umgebracht,
verhungern lassen, vergewaltigt, misshandelt, verstört.

Hilflos den anderen überlassen
saßen sie auf den Straßen
ohne Dach über dem Kopf.
Sie haben sich was anderes erhofft.

Grausame Politik, durch Menschenhand geführt,
im Hintergrund Hass geschürt.
Sieger und Angeklagte vergingen sich gemeinsam
an denen, die einst waren einsam.

Schuld sind nicht die Menschen, die der Politik glaubten,
sondern die Menschen, die ihnen die Hoffnung raubten.
Sie glaubten denen, die die Unwahrheit sagten
und in ihren Taten versagten.

Heim und Land der anderen zerstört – unerhört.
Sich selber aus der Verantwortung zu ziehen,
alles andere um sich aus den Augen zu verlieren,
das konnten sie nicht akzeptieren.

Klagende Menschen, nicht erhört,
probten Hand in Hand den Aufstand
unter den Menschen, die sie hassten
für Taten der anderen, die auf sie aufpassten.

Die Liebe zum Land hat Wunder gebracht.
Sie standen zusammen im Guten.
Sie standen zusammen in Schlechten.
Zeiten, die sie zusammenschweißten.

Sie kämpften eins um die Wahrheit.
Wichtig war ihnen die Freiheit.
Verurteilt durch die ganze Welt
hat keiner sie angehört. Sie waren auf sich gestellt.

Die Zeit hat die Wunden geheilt.
Erinnerungen haben Spuren hinterlassen,
die Menschen über die ganze Welt verteilt.
Sie waren wegen ihrer Schuldenlast dazu bereit.

Der Menschen Würde wurde zu einer Aufgabe der Geduld.
die schwere Last stand für ihre Schuld.
Sie haben sich durchgekämpft durch die Massen.
Dem Volk wurde die Schuld erlassen.

Sie glaubten und haben Hoffnung verstreut.
Mit Tränen in den Augen haben sie sich gefreut.
Stolz schauen sie auf ihr Land,
was unter Einwänden entstand.

Der Baum

Kraft zeichnet ihn aus.
Er wächst meist über sich hinaus.
Die Natur hat ihn mit einer Größe bedacht.
Abgemacht war das sicherlich nicht.
Doch in Anbetracht der Aussicht
ist der Baum die größte Pflanze der Erde.
Ich glaube, da gibt es keine Beschwerde.

Sehen wir das von der positiven Seite:
Wenn er ausbreitet seine komplette Grünbreite,
kann er durchaus nützlich sein.
Er versteckt uns vor dem Sonnenschein
und schützt vor dem Regen mit seinem Dasein,
mit seiner grünen Pracht,
die er sinnvoll, durchdacht überwacht.

Er ist auch ein guter Gastgeber:
Von seinen großen Gaben
naschen manche Raben
und auch das Kleintier ist nicht abgeneigt,
am Blütenstaub sich zu bedienen.
Schließlich ist er bereit zu dienen.
Manch einer pickt sich heraus nur die Rosinen.

Doch auch seine Zeit ist begrenzt.
Die Natur gibt und sie nimmt.
Des Baumes Zeit zerrinnt.
Man hat ihn eingepflanzt,
damit er in der Menschen Stuben glänzt,
damit er ihnen ein Dach über dem Kopf gibt,
Hunger und Not besiegt.

Schwarzrotes Gold

Der Krieg warf die Schatten auf das Land,
was mit großen Umständen entstand.
Die Vergangenheit hat uns gebrandmarkt.
Doch die Menschen hat das gestärkt.

Eine dunkle Zukunft sah man voraus.
Das Vaterland lockte sie hinaus.
Sie gingen Hand in Hand
und ihr Land entstand.

Die Liebe hat alles geändert.
Die Schmerzen wurden gelindert.
Die Wolken haben sich verzogen.
Die Sorgen sind verflogen.

Die Verbundenheit mit ihrem Land
hat Wunder mit sich gebracht.
Sie hat neue Kräfte entfacht.
Sie alle haben sich aufgemacht.

Das Volk hat seinen Beitrag erbracht,
aus Schwarzrot Gold gemacht.
Sie sind die Bezwinger.
In ihrem Land haben sie nur Gewinner.

Was ist Glück?

Der eine mag viel Geld,
der andere ständig zu reisen.
Einige wünschen sich, gesund zu bleiben.
Noch ein anderer findet das Glück im Schreiben.

Manch einer neigt vor Glück zum Übertreiben
und kann dies nicht von anderen Freuden unterscheiden.
Doch manchmal sind es die kleinen Dinge,
die uns so glücklich machen.

Zum Glück gibt es keinen Schlüssel –
alle Türen stehen sperrangelweit offen.
und auch, wenn wir uns das nicht erhoffen,
ist das Glück unübertroffen.

Des Wohlgefühls Verwirklichung

Die Kraft meines Begehrens
ist, zur Lust zurückzukehren.
Es ist so peinlich, es zu zeigen,
meiner Liebe sich zu verneigen.

Das Verlangen brennt in mir,
sich ganz ihr hinzugeben.
Das Gefühl leitet das Vorantreiben,
sich ihr ganz zu verschreiben.

Es ist die Lust, die uns dazu treibt,
die Hüllen fallen zu lassen,
sich dem anderem voll zu überlassen
und es einfach dazu kommen zu lassen,

dem Verlangen nachzugehen,
sich die Lust anzusehen,
aus sich herauszugehen
und es einfach lassen zu geschehen.

Des Wohlgefühls Verwirklichung der Fantasie,
von Lust überfüllte Gedankenstrategie
treibt uns ins Verderben –
die Liebe ist am Sterben.

Die moralische Lüge

Was manche nicht so gerne sagen,
kommt später zutage.
Nicht selten ist die Wahrheit
mit Tatsachen der Klarheit
klar geworden durch Unwahrheit.

Die Richtigkeit des Sachverhalts
stellt dann die Frage,
wie sehr man sich entfernte
von der erwähnten Variante,
in der verplant wurde das Brisante.

Die Unwahrheit kommt ans Licht,
was nicht so unwesentlich ist.
Das Schlimme ist – bei der Sache –,
dass man mit der Unwahrheit weitermache
und die Wahrheit auslache.

Das Genussgeschenk

Die Freude über die Leckereien,
die uns von manchen Sachen befreien.
Man lässt sich beschenken,
um dem anderen zu verzeihen.

Es sind die kleinen Dinge des Lebens,
um die wir uns bemühen – vergebens.
Doch sie heben unsere Stimmung
und finden unsere Zustimmung.

Vergessen sind Ärger und Wut –
langsam fließt in den Adern das Blut.
Ein unbeschreiblicher Genuss,
verbunden mit einem Gruß.

Das ist das Leben

Jeder benutzt jeden –
so ist es im Leben.
Doch um es zuzugeben,
muss man es erleben.

Man sollte sich das eingestehen.
Man kann nicht allem nachgehen.
Es ist nicht leicht
und auch nicht schwer

und kommt auch nicht von ungefähr.
Man bleibt sich treu und ist fair.
Beschenkt wird man
im Leben für gar nichts mehr.

Nehmt es nicht so schwer.
Lösungen gibt es wie Sand am Meer.
Auch wenn das Leben viel verspricht,
behaltet stets die Übersicht.

Die Weihnachtszeit

Die ersten Tannen werden geschmückt.
Die Mütter freuen sich über das Kinderglück.
Freude über die stillen Tage macht sich breit.
O du schöne Weihnachtszeit!

Die Gemütlichkeit zieht uns in ihren Bann.
Für die frohe Stunde wird fleißig geplant.
Die Kinder sind schon ganz gespannt,
was wohl der Weihnachtsmann so plant.

Die Häuser stehen geputzt im Glanz.
Die Kinder führen auf einen Freudentanz.
Die Stille Nacht steht vor der Tür.
Der Mensch versorgt im Stall das Tier.

Die Nacht bricht ein, die Sterne glänzen,
zu Ende sind die menschlichen Differenzen.
Die Welt – im Einklang mit der Weihnachtszeit –
begrüßt das Kind der Herrlichkeit.

Was ist aus uns geworden?

Wünschen wir wirklich dem anderen das Beste?
Oder wollen wir, dass der andere bekommt die Reste?
Wollen wir durchs Leben gehen mit weißer Weste?
Nur, um mit den anderen zu feiern die teuersten Feste?

Was ist aus uns Menschen geworden?
Wir jagen nur noch nach Rekorden.
Wo ist die Würde in uns geblieben?
Sind wir mit dem, was wir tun, zufrieden?

Können wir anders werden als so, wie wir sind?
Oder sind wir Menschen so blind,
dass wir nicht sehen, wie schnell die Zeit verrinnt
und die neue Zeit beginnt?

Denk nach, du Menschenkind! Weit öffne deine Augen!
Sieh zu, was du angerichtet hast! Schau auf deine Sorgen!
Hilf, wo du kannst! Verschließe nicht deine Augen!
Die Welt bleibt nicht stehen! Die Sonne scheint auch morgen!

Verworren

Verborgen liegt das Gold von morgen,
ertrunken in menschlichen Sorgen,
lehrt es uns, das Leben zu belohnen
und sich nicht zu fühlen, als hätten wir betrogen.

Was wäre unser Leben, wenn wir nicht vergeben?
Nachsicht zu zeigen, heißt, Stärke zu demonstrieren.
Menschen machen Fehler, ohne es zu wissen.
Doch sie werden verurteilt, weil wir es beschließen.

Es gibt Menschen, denen Rache Spaß macht.
Sie sind schwach und sehen keinen Ausweg.
Menschen, die stark sind, vergeben.
Sie kümmern sich nicht ums Überleben.

Was kümmert uns das Gold von morgen?
Es bringt nur Kummer und Sorgen.
Lieber leben wir im Geborgenen,
als verloren durchs Leben zu gehen.

Du bist wichtig

Blick nicht in die Zukunft, schau nicht zurück.
Frage nicht, was wäre wenn, sondern lebe jetzt.
Mit jedem Schritt kommst du deinem Ziel näher.
Denk darüber nach, wie du bist und was du werden willst.

Gestehe deinem Herzen die Sorgen.
Dann quält dich nicht das Morgen.
Finde deinen Weg, begegne deinem Ich.
Nur dann kannst du ins Licht.

Verstehe die Dunkelheit, höre, was dich umgibt.
Geh alles langsam an, schiebe weg, was dich nicht liebt.
Lasse dich leiten von Herzenswärme
und vergiss den Lärm der Schwärme.

Schmerz

Dem Herzen gestohlene Seele.
Verworfene Herzensziele.
Sehnsucht nach dem nicht erreichten,
durchs Leben geprägten
und trotzdem versagten,
von Herzen zerplatzten Ziel.

Quälend durchdringt es unsere Gedanken.
Es saugt sich fest,
lässt nicht los und gibt uns den Rest.
Kraftlos sinken wir zu Boden.
Wir wurden betrogen.
So grausam kann dieser Schmerz sein.

Wahrheit macht einsam

Ist nicht die Wahrheit in anderem Monde eine Lüge,
die uns genießen lässt die Vorzüge?
Ist das nicht eine Flucht hin zum besseren Betrügen,
das uns durchdringt mit seinen Vorzügen
und gibt uns Anlass zum Vergnügen?

Was veranlasst uns, sich der Lüge zu fügen,
als ob die Wahrheit keine Vorzüge hätte?
Sie ist an das Leben gebunden wie eine Kette
und das gestattet ihr sogar die Etikette.
Unbewusst verändert sich unser Verhalten.

Was sollen die anderen davon halten?
Es wird hingenommen, ohne es zu betrachten.
Spiegelnd eilt ihnen ihr Glanz voraus,
der die anderen zwingt zum Applaus.
Die Wahrheit treibt uns ins Meer hinaus.

Schönheit

Ist Schönheit eine Illusion,
eine ewig menschliche Diskussion?
Ob Schönheit Vorteile bringt
oder das Leben uns dazu zwingt?

Wir sehen gerne Schönes.
Doch was ist denn schön?
Wollen wir immer nur das Schöne sehen
oder wollen wir das Schlechte verbannen?

Ist das nicht eine Täuschung der Sinne,
wo die Augen uns betrügen,
wie wir unsere Zeit verbringen
und manche Sachen übersehen?

Das Leben will uns in die Irre führen.
Was uns erfreut, macht nicht immer fröhlich.
Es freut uns für einen Augenblick.
Doch Schönheit bringt kein Glück.

Nur selten sind diese Gaben
in einem zu haben.
Wenn manche sie jedoch haben,
haben sie nichts mehr zu klagen.

Christian Fabian

Geboren am 07.04.1966 in Hindenburg. Sohn deutscher Aussiedler, die aus dem oberschlesischen Gebiet stammten. Aufgewachsen in Polen. Am 04.12.1981 ausgereist nach Deutschland.

Seinem Kindheitstraum folgend, der aus Erzählungen seiner Großeltern erwuchs, wollte er immer das Land kennenlernen, in dem Freiheit und die Meinung der Menschen etwas bedeuteten. Als Flüchtling hat er in seinem Vaterland Polen und im Land seiner Träume, der Bundesrepublik Deutschland, Enttäuschungen erlebt, die er in Form von Gedichten als Lyrik zu Papier brachte.

Bis heute ist er dieser Ausdrucksform treu geblieben. Allerdings befasst er sich jetzt mit aktuellen Themen, über die viele aus Angst nicht bzw. nur ungern sprechen wollen, wie z. B. dem Weltterror, dem Frieden, der Jugend, der Generation Deutschland und verschiedene Konfliktfragen.